NOTICE

SUR

RÉCAMIER,

PAR

Le Docteur PADIOLEAU, de Nantes,

SON ÉLÈVE.

> Il était doué de cette foi qui transporte
> les montagnes, de cette charité qui fait les
> miracles.　　　(Dr GIBERT.)

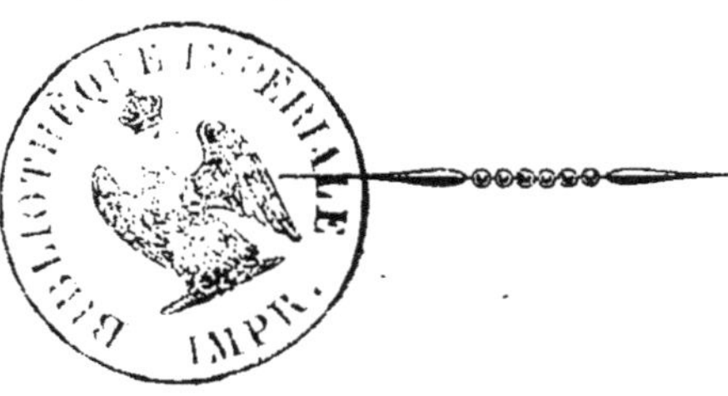

PARIS,

CHEZ GERMER-BAILLER, RUE DE L'ÉCOLE-DE-MÉDECINE.

—

1853.

NOTICE

SUR

RÉCAMIER,

Par le Dr PADIOLEAU, de Nantes,
son élève.

———

Depuis que l'esprit humain se perfectionne par l'étude des sciences et par la culture des arts, on voit à toutes les époques apparaître, dans le monde intellectuel, de ces esprits laborieux qui, mettant à profit les connaissances déjà acquises, vont plus loin que leurs prédécesseurs en suivant les mêmes traces. Quelque chose de plus rare, c'est un génie créateur qui, par la seule force de sa pensée, se place de suite au-dessus de ses contemporains, et enrichit, de ses découvertes précieuses, une science à laquelle il a consacré tous ses efforts. Tel fut Récamier, l'un des hommes qui ont le plus honoré la médecine, et par l'importance de leurs travaux, et par la dignité de leur vie. Profondément nourri de la lecture des anciens, qu'il méditait sans cesse, il puisait dans l'étude et l'admiration de ces grands maîtres des inspirations sublimes qui en ont fait le premier médecin de son époque. Et pourtant, dans quel siècle et au milieu de quels hommes vivait-il? Le XVIIIe siècle qui, en fondant les grandes méthodes, avait glorieusement acquis à la science des vérités incontestables, venait de se terminer. Possesseur d'instruments plus parfaits, riche des découvertes qu'il devait mettre à profit, le XIXe siècle, porté naturellement à la généralisation, allait réunir en corps de doctrine des éléments entrevus de siècle en siècle par divers naturalistes et par des hommes d'un éminent mérite.

C'était effectivement une brillante époque pour l'esprit scientifique en France, quand, en 1799, Récamier vint à Paris pour y prendre le grade de docteur. La chimie s'était enrichie de nouveaux corps élémentaires; des découvertes importantes se multipliaient de jour en jour avec les Thompson, les Berzelius, les Gaylussac, les Thénard. La physique, suivant l'impulsion imprimée à toutes les sciences, faisait de grands progrès dans l'étude des propriétés générales des corps. La zoologie prenait son véritable caractère de stabilité, grâce à l'immortel Cuvier, qui pendant longtemps résuma toute la science française, ou qui fut, pour mieux dire, la plus haute expression scientifique du commencement du siècle.

La médecine, elle aussi, loin de rester en arrière, participait au progrès général de cette époque, l'une des plus marquantes pour l'intelligence humaine. Ainsi, l'école de Paris était illustrée par des hommes du plus haut mérite. Chaussier publiait ses tables physiologiques, qui mettaient au jour la richesse et l'élévation de son intelligence, et Pinel promulguait la charte de la médecine française.

Cabanis, écrivain élégant, mais disciple outré de Condillac, faisait malheureusement servir ses connaissances en physiologie à l'explication des phénomènes de l'intelligence, et cherchait à fonder la théorie de la pensée sur le mécanisme du cerveau.

Mais, à la tête de ces hommes supérieurs était Bichat, ce puissant génie qui, développant les idées consignées par Pinel dans sa nosographie philosophique, donnait aux études anatomiques une direction nouvelle. Il se hâtait de publier ses ouvrages immortels, destinés à jeter une si vive lumière sur toutes les branches de l'art médical, comme s'il eût pressenti qu'à trente-un ans il serait enlevé à la science, dont il était alors le plus brillant représentant.

Cependant, comme il n'y a rien d'immuable ici-bas, une nouvelle école allait faire oublier ces beaux génies; et déjà, sur les domaines de l'intelligence qui changent si souvent de maîtres, on voyait apparaître des hommes d'un incomparable talent.

Ainsi, Dupuytren, régnant presque sans rivaux depuis la mort de Bichat, prouvait que la science, élevée déjà si haut par les Desault et les Sabatier, pouvait néanmoins encore recevoir un nouveau lustre.

Laënnec, par ses belles recherches sur l'auscultation, se plaçait même au-dessus de Corvisart, qui avait émerveillé ses élèves par la justesse étonnante de son diagnostic. Mais, ce qui lui valait de nouveaux droits à l'estime et à la reconnaissance de ses concitoyens, c'est que chez lui, comme chez Récamier, le génie et la vertu se confondaient pour bien mériter des hommes. Aussi, ces deux âmes vertueuses s'étant une fois rencontrées, s'apprécièrent mutuellement; et, ce qui n'est peut-être pas moins rare aujourd'hui qu'à cette époque, ils offrirent le beau spectacle d'une parfaite harmonie entre l'intelligence et le caractère, entre la raison et la conduite, car leur vie ne fut que le pur reflet de leurs pensées.

Or, comme une sorte de confraternité les unissait pour la recherche de la vérité, ils durent se trouver sur le même terrain pour combattre les doctrines exagérées et quelquefois dangereuses d'un généralisateur hardi, d'un réformateur audacieux, de Broussais qui, pendant quelque temps, excita un si vif enthousiasme, et réunit sous sa bannière une si grande masse d'élèves et de prosélytes. Qu'on relise, en effet, aujourd'hui les notes si remarquables qui terminent le traité du cancer, et où, dans un cadre étroit, Récamier a comme enfermé l'essai de tout son génie? On le verra signaler l'un des premiers, alors que Broussais était dans toute sa gloire, le danger de ces théories exclusives qu'il comparait avec tant de justesse à ces météores, qui, après un éclat passager, vous laissent dans une obscurité d'autant plus profonde qu'on les avait pris pour la véritable lumière.

Mais ce qui le préoccupait par-dessus tout, lui, dont l'esprit avide de savoir, s'était en quelque sorte associé à celui des plus célèbres génies de l'antiquité, c'était de voir

ces novateurs dangereux rompre avec le passé, et s'ins-
crire en faux, dans leur fol orgueil, contre cet axiome si
juste de Baglivi : *Medicina non est humani ingenii partus,
sed temporis filia.* Il est vrai que la science, telle qu'ils la
faisaient, pouvait à bon droit dater de leur époque. Car
alors, comme aujourd'hui, il n'y avait en réalité que deux
écoles, suivant la remarque du docteur Cayol : l'une, qui
considère les organes sains et malades comme les instruments de la vie, la maladie comme une fonction anormale
de l'organisme, et les altérations cadavériques comme des
effets, des résultats de ces réactions ou fonctions anor-
males. C'est l'école vitaliste.

L'autre, au contraire, qui, négligeant les conditions
vitales, prétend découvrir dans les organes, dans leur
contexture, dans les molécules dont ils se composent, et
dans les altérations matérielles, la raison, le pourquoi de
la vie, et tous les phénomènes physiologiques et pathologiques par lesquels elle se manifeste. C'est l'école anatomique ou matérialiste. Aussi, voyez quels cris d'indignation
s'élevaient contre ceux qui, à l'exemple de Récamier, se
refusaient à regarder l'irritation comme un talisman doc-
toral à l'aide duquel on expliquait tout. C'étaient des onto·
logistes qui ne comprenaient rien à la médecine. Tel était
même le culte des médecins physiologistes à l'égard de
l'irritation, qu'ils en avaient fait une idole ayant ses fana-
tiques, et même au besoin ses martyrs ; et l'on vit alors
une jeunesse ardente, enthousiaste, s'insurger contre
Récamier, parce qu'il n'avait pas voulu proclamer Broussais
l'inventeur et l'arbitre de la vérité médicale. Et pourtant,
il fut juste envers lui : car il ne lui contesta jamais l'hon-

neur d'avoir rendu de brillants services à l'art de guérir, en appelant l'attention des médecins sur la complication fréquente et souvent méconnue des inflammations des membranes muqueuses, avec les fièvres qui peuvent leur devoir l'existence, ou un grand nombre de leurs épiphénomènes.

Sans doute, aujourd'hui, la plupart de ceux qui avaient adopté dans toute son étendue la doctrine physiologique semblent revenir de leurs erreurs. Ils reconnaissent enfin qu'il existe bien réellement des affections générales dans lesquelles l'organisme tout entier est simultanément troublé, et ils conviennent qu'il est difficile de rapporter toutes les fièvres dites essentielles à une gastro-entérite ayant le pouvoir de réveiller, suivant les individus, des sympathies plus ou moins nombreuses. — A la bonne heure ; mais la fièvre typhoïde n'est-elle pas venue remplacer à son tour la gastro-entérite de Broussais, comme celle-ci avait remplacé la fièvre maligne des anciens, et la fièvre ataxique de Selle et de Pinel ? Substituée à l'entéro-mésentérique de Petit et Serre, à la dothinentérie de Bretonneau, elle a fait dans la pathologie une invasion qui, suivant les expressions de Récamier, serait alarmante, si le mot typhoïde, appliqué à tout propos, n'était pas devenu une réponse évasive à toutes les questions pyrétologiques, c'est-à-dire sur les fièvres.

Cependant, grâce à cette théorie médicale, nous en sommes arrivés à ne considérer que comme une seule et même maladie les fièvres les plus différentes, et même les plus opposées, non-seulement par leur physionomie propre et caractéristique, mais encore par leurs causes, par leurs symptômes , par leurs tendances et surtout par les indications curatives qu'elles présentent. Aussi, leur a-t-on appliqué une médication antiphlogistique exclusive, ou un traitement de purgatifs répétés, suivant la tendance du praticien vers le solidisme ou l'humorisme.

Et voilà précisément ce que combattait Récamier, lui qui, pourtant, avait appelé , dès 1804 , l'attention des médecins sur l'altération des follicules de Peyer et de Brunner. Oui , mais il trouvait dans ces lésions folliculaires un caractère exanthématique , semblable à l'exanthème scarlatine pour la peau, et il était loin de leur accorder l'importance que leur ont attribuée plus tard quelques pathologistes. Insuffisantes à ses yeux pour rendre raison de tous les phénomènes morbides, ces altérations lui semblaient l'effet et non la cause de la maladie ; et, quoique médecin anatomo-pathologiste très-distingué , il était persuadé que les recherches cadavériques n'avaient pas résolu toutes les questions relatives à la cause intrinsèque des fièvres continues. Et comment aurait-il pu se laisser aller à cette préoccupation systématique, lui, véritable médecin hippocratique , qui savait allier les dogmes de la médecine antique avec les découvertes modernes ? Aussi, comme les anciens médecins que nous devons toujours invoquer , non à titre d'anciens, mais à titre de grands hommes, il avait foi dans la puissance vitale ; et, ce qui le confirmait encore dans cette opinion, c'était de voir un malade arrivé aux portes de la mort passer en quelque sorte de l'agonie à la convalescence, quand la réaction conservatrice de la vie parvenait à s'établir. D'ailleurs, écoutons-le lui-même, et nous pourrons juger de l'excellence de sa méthode par l'extrait suivant d'une

de ces brillantes leçons de philosophie médicale et de médecine pratique, qui électrisaient si puissamment la jeunesse
de l'école toujours empressée autour de cet illustre médecin.

« A côté de ce malade jeté dans la prostration du typhus,
et dont tous les organes sont menacés de gangrène, voyez
le nostalgique qui se meurt, et qui, croirait-on, est au
même point que le typhique : fièvre continuelle, dernier
degré de marasme, diarrhée colliquative, etc. Mettez ces
deux hommes sur une charrette pour gagner leur pays
commun. Qu'est-ce donc ? Voici que chaque cahot de la
voiture fait presque rendre l'âme au malheureux atteint de
typhus, et rend la vie au nostalgique, dont la fièvre cesse,
dont la face rayonne , et qui laisse sur la voiture toutes les
lésions organiques qu'il aurait présentées deux jours plus
tard dans l'amphithéâtre de l'hôpital ? Pourquoi ? Quelle
est la raison de cette étonnante différence ? C'est que, chez
l'un , c'est le système nerveux encéphalique , un système
spécial qui était malade ; tandis que, chez l'autre , c'est la
vie elle-même qui était primitivement et profondément en
souffrance et en travail de mort. »

Eh bien ! n'est-ce pas là le médecin vitaliste qui, par-
venu aux limites observables de la constitution matérielle,
constate qu'au-delà de cette physiologie et de cette pathologie visibles et accessibles à nos sens , il en existe une
autre qui ne se laisse pas pénétrer, et d'où dérivent les
premières ? Ne se renfermant pas, par conséquent, dans
cette philosophie anatomique et matérialiste où l'on ne
s'occupe que des symptômes et des altérations cadavériques,
il remontait aux causes qui les produisent et qui ne sont

pas simplement physiques, mais morales et spirituelles. Et, puisqu'il s'agit ici de la puissance vitale, de cette loi primordiale en vertu de laquelle tout corps organisé est doué pendant un temps déterminé de la faculté de pourvoir à sa conservation, et d'opposer une résistance active à tous les agents de destruction, que l'on nous permette de nous y arrêter un instant, d'autant plus, que tout dernièrement encore, cette question a reçu un interprétation bien différente de la part d'un médecin haut placé.

Nos adversaires disent donc : la force vitale étant une propriété essentielle des corps, une puissance qui leur est inhérente, elle ne peut avoir une existence indépendante des corps; donc, vie et organisation sont des mots synonymes ; et quand on veut séparer la force des corps, on en fait une entité, un être purement imaginaire. Voilà l'objection dans toute sa force; c'est elle qui revient sans cesse, se reproduisant sous des formes plus ou moins spécieuses, mais étant la même au fond. Or, à cette objection, voici notre réponse : Oui, sans doute, nous reconnaissons l'étroite et incontestable indépendance où les forces vitales se trouvent à l'égard des organes ; mais parce que les forces sont associées aux organes, est-ce donc une raison pour qu'elles soient identiques avec eux ? Sans doute, les appareils matériels sont le siége des phénomènes vitaux ; mais est-ce à dire pour cela qu'ils en soient la cause productrice ?

Et d'ailleurs, si l'on persiste à ne pas admettre dans l'organisation une force distincte de l'élément matériel, il faudra bien la faire naître de l'organisation elle-même. Eh bien ! prétendra-t-on que cette force est le résultat du jeu des organes ? Mais ce serait confondre les conditions d'un effet avec sa cause, que d'attribuer ainsi le mouvement à l'organisation, puisque c'est sous l'influence de cette force vitale que se développent les organes de l'homme qui n'est encore qu'à l'état de germe. Puis, dirai-je aussi moi, montrez-nous des organes ou des rudiments d'organe dans cet atome destiné à produire un être tout entier ? Et si vous ne pouvez pas trouver d'organes dans ce globule infiniment petit, force sera bien de convenir que vie et organisation ne sont pas et ne peuvent pas être une seule et même chose. Avançons : cette force serait-elle un effet de la chaleur, de l'électricité ? Mais alors pourquoi un œuf non fécondé tombe-t-il en putréfaction dans le nid où il est couvé, tandis que d'un œuf fécondé, soumis à la même chaleur, il sortira un animal parfait ? Pourquoi la branche séparée du tronc dont elle reçoit la vie, meurt-elle incontinent, si, en se séparant de sa tige, elle n'emporte dans quelque bourgeon, comme le germe, la puissance vitale tout entière ? D'où vient cette différence dans les résultats, sinon de ce principe vital dont la nature n'est pas plus nécessaire à pénétrer, pour étudier la vie, que celle de la lumière rayonnante pour connaître les couleurs et la coloration ? Le principe vital n'est donc ni la lumière physique, ni le calorique, ni l'électrique, qui sont, il est vrai, pour les germes et les organes, des stimulus puissants ; mais tous ces grands agents de la nature physique ne seront jamais, dans la nature physiologique, que des instruments du principe vital dont les germes et les organes vivants sont les seuls conducteurs. Et, d'ailleurs, pourrait-on admettre, sans renverser toutes les lois du raisonnement, qu'un instrument matériel produise seul des effets qui ne le sont pas;

que la motilité, par exemple, que la sensibilité qui ne se voient, ni ne se touchent, ni ne se décomposent, sont le résultat direct de ces ressorts matériels qui se voient, qui se touchent et se décomposent ? Et cette loi de consensus et de synergie qui rend solidaires tous nos organes, en les faisant concourir avec une si parfaite harmonie à la conservation de l'individu vivant, comment la ferons-nous sortir d'un arrangement particulier de la matière ? Quelle est cette puissance qui prescrit au sang une marche fixe et régulière avant même qu'il existe des vaisseaux pour le contenir ? Convenons donc que si l'on peut chercher dans l'organisation le mécanisme et le jeu des fonctions physiologiques, étudier, après la mort, les formes des altérations pathologiques; convenons, dis-je, que tout l'homme n'est pas néanmoins dans la partie matérielle et organique, et que les lois de la vie et de la mort dépendent moins de l'organisation visible, que de ces conditions secrètes qui échappent à nos sens; et, dès-lors, ce qu'il y aura de plus essentiel pour nous dans le fait de la vie, ce sera cette force occulte, cette puissance vitale qui agit dans l'homme pendant le sommeil comme pendant la veille ; force insaisissable comme la volonté, ou comme l'étincelle électrique qui se trouve virtuellement dans la boule de métal, sans que l'œil du plus habile physicien ait jamais pu l'apercevoir.

Or, voilà ce que Récamier soutenait, dans ses cours et dans ses écrits, avec une verve et une puissance de dialectique admirables; car les lois vitales étaient pour lui un objet de préférence où se portait naturellement sa pensée. Cependant, tout en prouvant la différence de nature des corps

organiques et des corps vivants, par l'antagonisme des faits
physiques et des phénomènes physiologiques , il insistait
sur la similitude des lois auxquelles les uns et les autres
sont néanmoins soumis; car cette comparaison des lois
promettait , suivant lui, des découvertes nombreuses et
importantes par leurs applications thérapeutiques.

Sans doute, il peut paraître singulier que ce médecin
physiologiste ait dépensé une si grande force de raisonnement pour établir, entre les faits physiques et les phénomènes physiologiques, une distinction par elle-même si
évidente; mais, rappelons-nous cette époque encore si rap-
prochée de nous, où les meilleurs esprits , entraînés vers
la considération exclusive des phénomènes purement
matériels, croyaient que la science de l'homme se trouve
tout entière dans l'anatomie pathologique? Ne voulant pas
reconnaître les lois de la vie , parce qu'il aurait fallu
avouer le législateur, les médecins et les physiologistes
cherchaient à établir et répétaient à tout propos qu'il n'y
a dans l'homme que des organes et des fonctions, tant
était grande l'ardeur que l'on mettait à ne trouver dans
l'organisme qu'un seul ordre de faits, les faits physiques !
« Ce que nous apprennent nos sens , disait un professeur
très-distingué de la Faculté , doit nous suffire et nous
suffit, en effet : hors les sens, il n'y a plus que conjecture,
et conséquemment qu'incertitude. Pourquoi donc , si nous
n'avons que ces moyens de nous instruire, vouloir sans
cesse en employer d'autres qui ne sont propres qu'à nous
égarer ? Pourquoi n'avons-nous pas la sagesse de savoir
ignorer ce qu'il ne nous est pas donné d'apprendre ? »

Et ainsi l'on tombait, en physiologie , dans les mêmes

erreurs où l'on tomberait en physique, si, dans l'étude des phénomènes de la coloration, on se bornait à étudier les corps et leurs couleurs, sans tenir compte de leurs propriétés ni de la lumière.

Aussi, rendons grâce à Bichat, qui a également cherché à établir une ligne de démarcation entre les faits physiques et les phénomènes vitaux de l'organisme, alors que l'on ne voyait qu'attraction et qu'impulsion dans les phénomènes de la vie, alors que commençaient à régner les théories physico-chimiques.

Telle est, en effet, l'influence de l'esprit philosophique en faveur, sur les destinées des théories médicales, qu'en parcourant les Annales de la Médecine, nous voyons apparaître tour à tour, à l'horizon scientifique, le vitalisme, le solidisme et l'humorisme ; chacune de ces doctrines se proposant pour but la pathogénie, chacune se montrant tour à tour incomplète ou insuffisante pour la solution du problème médical. C'est que l'on oublie trop souvent, ainsi que l'a fait remarquer le professeur Andral, que l'économie n'est qu'un grand tout indivisible dans l'état de santé comme dans l'état de maladie. Donc, outre le solidisme anatomique qui étudie l'organe lui-même ; outre les appareils d'organes que l'on a cru les auteurs principaux et même uniques de la vie, il y a dans l'organisme une foule d'actes réglés avec une sorte d'harmonie préétablie et soustraite à l'observation organique. Voilà pourquoi toute théorie exclusive de solidisme et d'humorisme est un contre-sens physiologique et pathologique ; voilà pourquoi toute théorie médicale est forcée, pour se compléter, d'en revenir toujours à la puissance et aux lois vitales.

Et s'il fallait un exemple encore tout récent , nous n'aurions qu'à prendre la phlébite. Longtemps, n'est-il pas vrai , on chercha à expliquer par un trouble du système nerveux , par une ataxie des forces vitales, les accidents survenus à la suite des amputations des membres, des coups portés sur le crâne. Mais voilà qu'après la découverte des canaux veineux des os en général et de ceux du crâne en particulier , tous ces prétendus phénomènes sympathiques d'un trouble de l'innervation disparaissent devant l'inflammation des veines. Ce fut alors le règne de la phlébite. Cependant, après de plus sérieuses méditations , on se demanda si une simple phlébite peut déterminer ces accidents si graves qui surviennent lors de l'inflammation des veines; et, s'il en est ainsi, comment ne se développent-ils pas après une cautérisation profonde de la veine qui doit nécessairement déterminer une inflammation plus forte que ne le fait une simple piqûre dans certaines autopsies cadavériques ? Ne serait-ce pas que la lésion des solides ne vient qu'après l'altération des liquides ? En cautérisant la plaie, on détruit chimiquement le corps en décomposition , et en prévenant ainsi l'altération du sang, ne peut-on pas également prévenir. la phlébite , qui ne serait que consécutive ?

Eh bien ! ce raisonnement conduit à l'humorisme, qui semble prévaloir aujourd'hui. Mais, de l'humorisme au vitalisme il n'y a qu'un pas, car physiologiquement et pathologiquement les liquides sont vivants. La vie se trouve dans une seule molécule liquide : elle y opère en petit les actes de composition et de décomposition qu'exécute en grand l'organisme, et, comme le dit si justement Broussais qui était ramené en quelque sorte malgré lui à l'orthodoxie médicale : « Il est une Providence intérieure dans l'organisme à laquelle le médecin qui veut guérir doit s'en rapporter pour les compositions, les dépurations des fluides et des solides. Cette Providence n'est autre que les lois vitales dont le secret nous échappe. » Or, ça été la gloire de quelques esprits d'élite d'avoir su échapper à l'influence de ces théories exclusives qui avaient fait retrancher à Brown et à Broussais la moitié de la médecine ; l'un, généralisateur exagéré, en négligeant trop l'état local dans les maladies aiguës ; l'autre en oubliant, dans sa manie de localisation, l'état fébrile qui précède les affections locales et les engendre.

Ça été la gloire de Baillou, de Sydenham, de Stoll qui avait appris par les leçons de Dehaën, son maître, ce qu'il devait savoir ; par son exemple, ce qu'il devait faire, et, par ses erreurs, ce qu'il devait éviter. Stoll, effectivement, avait vu l'état fébrile engendrer les affections locales, et, dans certaines épidémies, le rhumatisme, les pneumonies, les pleurésies, céder au traitement évacuant ; mais, avec l'indépendance de son génie médical, il avait également saisi la différence de l'état inflammatoire et bilieux, et, au sujet de l'épidémie de 1777, il écrivait : « *Adfüere saburralia signa multa, et tamen profüere antiphlogistica sola.* »

Tels furent encore Finke, Tissot de Lausanne, etc.; et, parmi les modernes, Double, Cayol, Récamier, qui, sans négliger les cris de l'organe malade qu'ils cherchaient à défendre, par quelque moyen spécial, de l'influence du vice ou de la disposition constitutionnelle qui réagit sur lui, s'occupaient, avant tout, du point de départ des accidents morbides. Il ne leur suffisait pas de savoir qu'un organe était en souffrance, ils cherchaient de plus à connaître comment et pourquoi il souffrait ; et, interrogeant l'organisme avec soin, ils parvenaient presque toujours à découvrir ses besoins et à apprécier ses ressources.

Mais, pour arriver à ce résultat, il faut comprendre comme eux que la pathologie n'est qu'une branche de la physiologie, soumises toutes les deux aux mêmes lois. Car, si d'un côté l'anatomie et la physiologie sont la clef des conditions organiques et normales de la vie, de l'autre, la pathologie est l'étude de l'organisme réagissant en vertu de sa loi de conservation contre toutes les causes de trouble et de destruction prématurée. Or, dès que l'on convient que tout état morbide n'est qu'une modification de l'organisme vivant, la connaissance des forces physiologiques n'a plus un but simplement théorique ; cette étude, au contraire, devient indispensable pour déterminer, suivant les expressions de Récamier, le degré, l'ordre et la durée de résistance : 1° de la dynamie physiologique des organes dans l'état de santé ; 2° de la dynamie vitale des organes dans l'état de maladie. C'est la recherche et la juste appréciation des phénomènes de cette dynamétrie vitale qui donnent la mesure de l'énergie ou de la faiblesse, de l'état ataxique et réfractaire de chaque constitution, de chaque tempérament, et des idiosyncrasies individuelles en vertu desquelles les malades reçoivent, chacun à leur manière, l'influence des causes morbigènes. La constitution, en effet, appartient à l'organisme vivant, elle est l'expression de la puissance ou de l'impuissance d'une réaction physio-

logique et vitale, régulière ou incohérente, passagère ou réfractaire et opiniâtre de l'organisme vivant contre les agents
excitateurs, modérateurs et perturbateurs de ses fonctions,
c'est-à-dire des forces vitales sur lesquelles elles reposent.
De là, la mise en œuvre variée des stimulants contre une
sursédation locale et générale intempestive; des sédatifs
contre une surstimulation locale et générale menaçante ;
des toniques pour relever des forces locales et générales
défaillantes ; et, enfin d'atoniques, pour combattre une
tension trop forte de la vitalité également locale et générale.
Récamier n'était donc point, on le voit, de ces vitalistes
exagérés qui, par leur confiance illimitée dans le pouvoir réparateur de l'action vitale, s'en rapportent volon-
tiers à la force médicatrice de la nature pour la cure des
maladies aiguës, comme jadis Stahl pour celle des affections
chroniques. Certes, disait-il, il faut que la nature consolide
un os brisé ; mais pour cela, il faut que la fracture soit
réduite, puis, la réduction opérée, on applique un ban-
dage convenable, et on laisse à la nature tous ses droits.
Or, ce qui est nécessaire dans une fracture est indispensable dans tout état de maladie, après qu'on a levé les
obstacles qui pouvaient s'opposer à sa solution par l'action vitale, locale ou générale.

Telles étaient les principales bases de sa pratique : et de
l'importance qu'il attachait à la valeur de chaque phéno-
mène morbide, naissait pour lui cette variété de moyens
qui l'ont élevé au premier rang parmi ses contemporains.
Ces points de vue de la pathologie, très-importants,
sans doute, puisque de leur juste ou vicieuse interprétation dépend la puissance ou l'impuissance de

l'homme de l'art, étaient bien connus des anciens qui répétaient sans cesse que l'art de modifier la thérapeutique d'une même affection constitue le grand praticien. Tel était surtout le mérite que Morgagni louait dans Valsalva, son maître, reconnu par l'un des praticiens les plus heureux de son temps : « *Quœres fortassè ecquid in œgrorum curatione peculiare haberet? Ille verò, quœ plerique solent, auxilia in usum trahebat, sed, ut optimum medicum decet, in aliis alia.* »

Morgagni eût-il donc moins admiré Récamier lorsqu'il ressuscitait en quelque sorte un pauvre moribond atteint de phlegmasie des orifices du cœur, dont le pouls était filiforme, les extrémités froides et la respiration stertoreuse, et cela en lui faisant perdre 58 onces de sang dans une demi-heure, guidé uniquement par la violence du tumulte de la région précordiale.

Mais voilà un jeune homme qui, après d'abondantes émissions sanguines, est aux prises avec les accidents les plus graves. Récamier est appelé. Les symptômes ne me paraissent pas dépendre d'un état inflammatoire, dit-il au docteur Roche. Et alors, il propose le musc qui fait bientôt cesser tous les phénomènes alarmants.

Ou bien, c'est une jeune et intéressante malade, enceinte de sept mois, et visitée par Hallé et Gardien. Elle est atteinte d'une pleuropneumonie qui, malgré les saignées générales et locales, malgré les révulsifs et le tartre stibié, fait des progrès alarmants. Récamier arrive ; mais le musc qu'il propose est impuissant ; il examine de nouveau la malade : il faut, dit-il, provoquer une réaction. On donne alors quelques cuillerées de café, et, dès-lors, l'organisme ainsi modifié, devient sensible au musc qui, cette fois, fait cesser tous les accidents.

Car, c'était encore là le privilége de son génie médical, de savoir faire disparaître à propos quelques épiphénomènes venant compliquer la maladie en s'associant à elle, soit comme symptôme, soit comme élément séparable, et s'opposant ainsi au succès d'une médication, du reste parfaitement indiquée. Les accidents fébriles, en effet, peuvent bien souvent offrir les mêmes apparences, sans que, pour cela, les divers appareils organiques se trouvent dans les mêmes dispositions. Tantôt, ce sera la résistance dans les gros vaisseaux indiquée par la récurrence de l'arcade palmaire ; tantôt, ce seront quelques symptômes du côté de l'appareil digestif, qui viendront paralyser l'énergie des agents thérapeutiques, et empêcher ainsi l'organisme de répondre à leur action. Or, pour le médecin vitaliste, le point important est de rétablir l'harmonie dans les actes de l'organisme, frappé d'un désordre insolite, et incapable de toute réaction favorable.

Aussi est-ce grâce à cette appréciation exacte des effets de l'intervention des forces vitales dans tous les changements que l'on veut déterminer dans une maladie, qu'il a été donné à Fernel, à Hoffmann, à Rivière, à Frank, à Stoll, etc., de produire, dans certains cas, des effets si merveilleux avec les vomitifs.

Voilà également pourquoi le camphre, l'opium, le musc ont eu des succès si extraordinaires, dans certaines formes de pneumonie, entre les mains de Baglivi, de Sarconne et de Récamier.

D'ailleurs, écoutons-le lui-même, et il va nous révéler

le secret de sa méthode. Un homme, nous dit-il, est saisi d'une pneumonie : pour le plus grand nombre des médecins, l'inflammation du poumon sera la cause de tous les accidents éprouvés par le malade. Mais à quelle occasion est survenue cette pneumonie ? Sous quelle influence l'organe pulmonaire s'est-il enflammé ? Quels désordres consécutifs peut produire cette pneumonie ? Et si vous voulez vous convaincre de l'importance de ces graves questions, entrons dans une salle de clinique. Que voyons-nous ? Chez l'un, la maladie disparaît par la saignée ; chez l'autre, elle cède à un émétique ; chez un troisième, elle obéit à un vésicatoire. Chez le scorbutique, elle va disparaître avec du vin de Bordeaux, comme elle cède aux préparations de quinquina, quand elle est sous la dépendance d'un type intermittent qui la réveille périodiquement, ou aux préparations ferrugineuses chez les anémiques, aux préparations mercurielles chez les syphilitiques. Et, en se plaçant à ce point de vue compréhensive de la science, il obtenait, l'habile praticien, de ces succès éclatants que le docteur Gibert a si bien résumés dans les lignes suivantes : « Ici, c'est un kiste qu'il découvre dans la profondeur des organes, qu'il opère et qu'il guérit ; ailleurs, c'est un mourant qu'il rappelle à la vie par l'application hardie des affusions ; et, chemin faisant, ce sont des douleurs atroces, des contractures musculaires invincibles qu'il soumet avec succès à la percussion cadencée ; des pneumonies malignes qu'il traite avec le musc ; des pseudo-péritonites qu'il enlève avec le camphre et la valériane ; des vomissements cholériques qu'il enchaîne avec l'amidon ; des gastro-entéralgies qu'il combat avec cette vulgaire substance, qu'il appelle, dans son langage pittoresque, de la magnésie noire. Mais, qui pourrait énumérer toutes les cures remarquables opérées par Récamier, à l'aide des moyens les plus simples et les plus inattendus? » Aussi était-il d'autant plus animé de l'esprit de sa profession, qu'il en éprouvait plus qu'un autre toutes les jouissances.

Quelles douces émotions, en effet, ne goûtait-il pas, quand, sous les yeux des Marjolin, des Guersant, des Cruveilhier, des Andral, il venait d'arracher à la mort, sous l'influence de ces affusions, dont il faisait un si heureux emploi, l'une de ces victimes du traitement antiphlogistique, qui eut tant de vogue pendant quelques instants? Oh ! sans doute, ils comprendront facilement l'enthousiasme du professeur Andral, ceux qui ont été témoins de ces succès, vraiment merveilleux, dus aux affusions fraîches, et dont j'ai moi-même retiré, plus d'une fois, d'éclatants résultats, à Roche-Servière, en présence du Dr Boucher, de Napoléon-Vendée, et, à Nantes, sous les yeux des docteurs Fouré et Pellerin? Andral donc venait de voir Récamier ressusciter, en quelque sorte, une jeune dame, dont l'estomac se révoltait contre toute espèce de travail digestif. Ses yeux, quoique sans ophthalmie, pour parler comme Récamier, ne supportaient plus la lumière; ses oreilles, quoique sans otalgie, ne pouvaient entendre le plus léger bruit. Des médecins, d'une haute réputation, en désespéraient. Récamier arrive, et voilà que, sous l'heureuse influence de l'eau fraîche donnée en affusions, cette intéressante malade récupère promptement ses forces. La digestion devient plus facile, les yeux cherchent la lumière, et les oreilles le son, avec le même appétit que l'estomac exige les aliments. Plein d'admiration pour le talent de son savant confrère, Andral se rend à la Faculté de Médecine pour son cours de pathologie. Et là, au milieu d'un nombreux et brillant auditoire, il raconte, avec chaleur et admiration, le fait clinique dont il vient d'être témoin ; et, après avoir rendu un juste hommage à l'habileté et au talent de Récamier, Messieurs, s'écrie-t-il, au milieu des bravos de son auditoire : *Voilà comme on fait la Médecine !*

Eh oui ! mais pour la faire ainsi, il fallait et le génie de Récamier, et ce vitalisme éclairé qui, ne mesurant pas la sensibilité de l'organisme sur les aiguilles d'une montre, s'occupe surtout de *la nature* et de *la qualité* de l'affection morbide; il fallait encore cette indépendance d'idées qui ne le conduisait point au lit des malades avec des principes arrêtés d'avance, pour chercher ensuite à établir des lois générales, trop souvent dictées par l'intérêt d'un système. Tel est, en effet, le privilége du véritable praticien : ne se laissant pas dominer par les faits anatomiques, il donne également toute son attention aux actes vitaux, et il ne néglige aucune des influencés qui peuvent agir dans la production des maladies de toute catégorie. Aussi, grâce à une large interprétation de la physiologie pathologique, il avait compris, l'un des premiers, toute l'importance de l'hématologie. On a remarqué, disait-il, que l'harmonie des éléments du lait et des aliments externes réglait ses bonnes qualités; en peut-il être autrement du sang? De là les bases de cette thérapeutique si riche, si précieuse, si intéressante, du moment où ne se préoccupant d'aucun élément morbide exclusivement, il ne perdait point de vue leur ensemble, ni l'ensemble des moyens que l'homme de l'art doit leur opposer. Puis, disons aussi que l'étude approfondie de la thérapeutique et de la juste application des agents pharmacologiques, lui avait créé, comme une espèce d'arsenal, où il puisait cette foule de moyens dont l'à-propos et la combinaison convenables faisaient sa force et sa puissance. En veut-on, ici, un exemple entre mille : Eh bien! soit une de ces gastralgies qui, par leur bizarrerie et leur tenacité, font si souvent le désespoir du médecin. L'estomac, nous dit-il, a-t-il besoin d'un adjuvant après le repas? Une cuillerée d'eau de menthe ou d'essence de vanille peut remonter son énergie digestive. Mais il arrive aussi qu'un demi-centigramme à un centigramme d'extr. aqueux thébaïque, soit seul, soit associé à 10 ou 15 centigrammes d'alun, donné avant le repas, calme le surcroît d'irritabilité d'estomac et le remet en bonne voie pour digérer convenablement. Existe-t-il une disposition au vomissement? Trente, quarante, cinquante ou soixante centigrammes de sous-nitrate de bismuth, avant le repas, suffisent souvent pour rompre l'habitude.

Si le sous-nitrate de bismuth seul échoue, alors on lui associe la poudre impalpable de racine de colombo, ou de calamus aromaticus, ou de charbon de fusin parfaitement impalpable.

Si l'estomac rejette ces poudres, on leur associe l'amidon, en les délayant avec de l'eau; on essaie les eaux gazeuses, le lait ou le bouillon froid à jeûn. On examine l'indication de l'extrait alcoolique de noix vomique à un tiers de centigramme, ou demi centigramme, seul ou associé au charbon porphyrisé et à l'amidon.

Si tous ces moyens échouent, on recourt à des pilules à

base d'extr. de valériane, ou d'extr. de calamus aromaticus, ou de musc, ou de castoreum associés à un amer comme l'extrait de quinquina, de gentiane ou de ménianthe, et parfois avec un atome d'extr. aqueux thébaïque; — si la valériane ne réussit pas, on la remplace par le sirop d'éther ou la teinture de musc, en y joignant même l'extrait de quinquina. Mais j'abrège, car en voilà sans doute assez, pour donner une idée des ressources de cet ingénieux praticien.

On croirait, après cela, que Récamier, doué d'un tact si sûr, d'une pénétration si vive, dût exciter l'admiration de tous ses collègues, et réunir les sympathies de tous ses confrères : détrompez-vous ? Sans doute, quelques-uns étaient justes envers lui, comme le prouve l'éclatant témoignage que lui rendit le professeur Andral, après l'un de ces succès merveilleux que ce praticien remarquable devait à l'inspiration de son génie. Mais comme il est dans la nature de l'esprit humain de ne pas aimer celui qui semble sortir de la ligne ordinaire, et qu'il est d'ailleurs difficile de croire à la supériorité d'un confrère que l'on voit, que l'on entend tous les jours, la critique ne l'a pas ménagé, et quelquefois, il est vrai, avec une apparence de raison : car, quel est l'homme infaillible ici-bas, et chez lequel on ne puisse parfois relever quelque défaut véritable ? Dupuytren, ce chirurgien si supérieur qui, sur son lit de mort, reconnut, d'un regard, une luxation méconnue par un habile opérateur; Dupuytren n'a-t-il pas eu lui-même ses erreurs, ses revers ? Ne lui est-il pas arrivé d'ouvrir un anévrysme qu'il avait pris pour une simple tumeur ? Sans doute, il est des médecins qui se flattent de ne se tromper jamais; ce sont des mortels privilégiés, qui ne ressemblent ni aux

Dupuytren, ni aux Récamier; ils ne sont pas faits comme les autres, et pourtant, suivant la remarque de Fontenelle : *quand on a bien du mérite, c'en est le comble que d'être fait comme tout le monde.*

On a parlé aussi de l'étrangeté de ses méthodes thérapeutiques; c'est encore vrai. Mais parmi les découvertes précieuses dont s'est enrichie notre science, le plus grand nombre n'appartient-il pas au hasard? En médecine, il n'est point de mince sujet d'études, et c'est le privilége du génie de savoir faire son profit des observations en apparence les plus humbles et les plus vulgaires. N'est-ce pas ainsi que Bretonneau a été conduit à l'emploi aujourd'hui si répandu de l'huile de foie de morue? C'est que cet ingénieux praticien n'affecte pas, même pour les remèdes de *bonne femme,* ce mépris qui semblerait naturel à un esprit supérieur. La lumière, en effet, ne descend pas toujours des hauteurs de la science; témoin Bernard Palissy, ce potier de terre, qui ne savait ni le latin, ni le grec, et qui osa, vers la fin du XVIe siècle, soutenir, en face de tous les docteurs, que les coquilles fossiles étaient de véritables coquilles déposées autrefois par la mer dans les lieux où elles se trouvaient alors, et que des animaux avaient donné aux pierres figurées toutes leurs différentes figures.

De même Récamier n'était point de ceux qui, prenant pour les limites de la science les bornes de leur esprit, cherchent à cacher leur faiblesse sous le faste de leurs dédains. Il avait également l'âme trop fière et trop indépendante pour subir l'influence de ces petites coteries qui servent quelquefois au triomphe passager de la médiocrité. Il aimait, au contraire, à s'entourer de tous ceux

dont il espérait tirer quelque avantage pour la science et
pour ses malades, sans être jamais arrêté par la crainte de
s'ôter quelque chose à lui-même. Souvent un mot, une
parole étaient pour lui un trait de lumière, et comme le
germe d'une découverte que fécondait, plus tard, l'activité
de son esprit. Et c'est ainsi qu'il fut conduit au traitement
du cancer par la compression, méthode qui déjà, en
Angleterre, avait reçu un commencement d'exécution par
le docteur Pearson. Le domaine médical, en effet, ne
suffisait pas à son ardente imagination, et la chirurgie lui
a dû plus d'une opération hardie, plus d'une découverte
importante; et peut-être suffit-il de rappeler ici l'ablation
de l'utérus, qui malheureusement n'eut pas tout le succès
désirable; et le spéculum qui, quoique employé jadis, n'est
pourtant devenu d'un usage journalier que depuis les
modifications que lui a fait subir cet ingénieux praticien.

Soit donc que l'on considère Récamier comme médecin praticien, soit qu'on le considère comme médecin
physiologiste, il réunit deux titres de gloire à la fois.
Cependant, malgré cette imagination hardie et cette verve
si entraînante d'un talent original, malgré cette connaissance approfondie de nos anciens maîtres, et cette heureuse
application de leurs découvertes médicales qui lui assure-
ront toujours une prééminence marquée parmi ses contemporains, Récamier, sans son admirable foi, n'eût pas été
un médecin complet. C'est là une vérité proclamée, il y a
déjà longtemps, par l'un des médecins les plus célèbres
de son époque : *tanta est inter Deum, religionem et medi-*
cum connexio, ut sine Deo et religione, nullus exactus
medicus esse queat.

Sans cette foi vive, en effet, qui lui fait braver les épidémies les plus meurtrières pour obéir à la voix sévère de sa conscience; sans cette ardente charité qui le conduit nuit et jour dans la mansarde du pauvre auquel il apparaît comme un ange consolateur; sans ce devoir de véritable fraternité qu'il remplit avec tant de bonheur auprès du pauvre moribond dont il ranime l'espérance et relève le courage abattu; sans toutes ces grandes vertus, en un mot, qui ont toujours Dieu pour motif et pour but; certainement, il n'est point de médecin complet. Voilà pourquoi, chez les Egyptiens et chez les Grecs, la science médicale était renfermée dans les temples, confondue parmi les sciences sacrées; voilà pourquoi, dans les siècles du moyen-âge, elle était exercée par les ordres monastiques; tant il est vrai que la médecine est une sorte de sacerdoce !

Ne nous étonnons donc pas quand, en parcourant les fastes de notre art, nous voyons tant de grands génies placés au premier rang par leurs travaux immortels, embrasser avec une conviction profonde les dogmes de la religion et du christianisme, et leur donner, comme Pascal, par leur admirable soumission, le plus grand peut-être des témoignages humains. Il est vrai que le tableau des misères et des maux qu'il contemple chaque jour, est bien fait pour augmenter dans le cœur de l'homme le sentiment religieux. En présence de ces terribles catastrophes qui nous avertissent si souvent de la fragilité de notre être et de la rapidité de notre vie, le médecin, abattu dans sa faiblesse et dans sa mortalité, se relève par les espérances et les promesses de la religion. Récamier donc à qui la supériorité de son intelligence avait fait comprendre de suite qu'il n'y a que la foi chrétienne qui puisse expliquer l'origine de la vie humaine, la grandeur et la misère de l'homme, vit bientôt que tous les intérêts de la terre ne sont rien auprès de ce grand intérêt de l'être spirituel qui ne trouve de bonheur et de tranquillité qu'en se réfugiant dans le sanctuaire de la conscience et de la foi. Et dès-lors, cet esprit puissant et inflexible dut se soulever contre un philosophisme absurde et dangereux qui, sous prétexte d'émanciper les intelligences et d'abolir les superstitions, ne tend à rien moins qu'à bouleverser la société en dégradant l'homme de sa dignité originelle, et en le déshéritant de la vertu qui est sa vocation divine. Aussi, poursuivit-il avec une énergie et une persévérance peu commune les restaurateurs de cette philosophie de Locke, de Condillac et de Tracy qui, ne reconnaissant pas dans l'homme un principe spirituel distinct de l'élément matériel, confondent les lois de la matière avec celles de l'intelligence, et prétendent que les faits moraux et intellectuels, parce qu'ils se trouvent associés à la matière, sont identiques avec elle.

Reportons-nous un instant en effet vers cette époque encore si peu éloignée de nous où dominait pleinement en Angleterre et en France cette philosophie aussi fausse dans ses principes que dangereuse dans ses conséquences, et qui faisait dépendre des sens toute connaissance humaine. C'était véritablement le règne du sensualisme : il avait ses historiens, ses politiques, ses moralistes; il devait nécessairement aussi avoir ses médecins.

Mais parmi les représentants de cette philosophie désolante, Cabanis, Georget et Broussais brillaient comme de sinistres météores qui, au lieu d'être le phare élevé au

milieu des tempêtes , ressemblent à ces lueurs qui s'é-
lèvent au-dessus des précipices. Sans doute, les deux
premiers ne tardèrent pas à revenir de leurs erreurs ; et
je citerai surtout Georget qui, dans son testament, con-
signa la rétraction de ses opinions, à laquelle il voulut
qu'on donnât toute la publicité possible.

« Etais-je bien convaincu, dit-il, de ce que j'écrivais en
1821 ? Je croyais l'être, du moins. Cependant, je me
rappelle avoir été plus d'une fois agité d'une grande incertitude, et m'être dit souvent qu'on ne pouvait former
que des conjectures, si l'on s'en rapportait au jugement
des sens.

» N'étais-je pas dominé par l'envie de faire du bruit
et de grandir, en quelque sorte, en attaquant des croyances
généralement reçues, et d'une si grande importance aux
yeux de tous les hommes? Ne voulais-je pas donner une
preuve éclatante de mon courage en bravant ainsi l'opinion
publique ?

» Pour toute réponse à cette question , je citerai le
passage suivant de l'ouvrage de M. de Châteaubriand :
« Etait-ce bien l'opinion intime de leur conscience (l'a-
théisme) que les encyclopédistes publiaient ? Les hommes
sont si vains, si faibles, que souvent l'envie de faire du
bruit les fait affirmer des choses dont ils ne possèdent
pas la conviction. »

Reste donc Broussais, qui persiste jusqu'à la fin à vouloir
expliquer l'intelligence par la physiologie, et à fonder la
théorie de la pensée sur le mécanisme nerveux du cerveau. Or, en cela, le grand réformateur n'était que conséquent avec lui-même. Il appliquait aux actes intellectuels

sa théorie physiologique ; et de même qu'il avait fait re-
poser toute l'observation médicale en physiologie sur l'irritation normale, en pathologie sur l'irritaton anormale des
tissus, de même il devait chercher à établir que la sensibilité n'est qu'un produit de la contractilité, et que les
phénomènes intellectuels ne sont qu'un mode particulier
de l'excitation nerveuse. Mais, entré dans cette voie,
Broussais s'y engagea plus loin que tous les autres, et
le fondateur de la doctrine physiologique ne reconnut
dans les actes les plus sublimes de l'homme que des pro-
duits physiques de son cerveau. Sans doute, on aurait
peine à comprendre une telle aberration d'esprit chez
un homme de génie, si nous ne savions, comme le dit
M. Villemain, qu'une erreur souvent répétée pénètre in-
sensiblement dans la pensée de son auteur. Il semble que
ce soit la punition des sophistes, ils finissent par perdre
le bon sens. Il est vrai de dire aussi que l'orgueil de
Broussais, habitué à régner seul sur les intelligences et
avoir la direction des esprits, s'était irrité du succès des
brillants introducteurs des théories philosophiques pro-
fessées en Ecosse et en Allemagne. C'étaient de jeunes philosophes d'un admirable talent, qui, vers la fin de la Res-
tauration, se présentèrent pour faire justice des doctrines
sensualistes du XVIIIᵉ siècle. Mais le médecin philosophe
se révolta contre ces usurpateurs étrangers qu'il appelait
ironiquement des Kanto-platoniciens. Il déclara que c'é-
taient des rêveurs ou plutôt des malades qui cherchaient à
créer une idolâtrie en relevant le Panthéon de l'ontologie
devant lequel, disait-il fièrement, il ne fléchirait jamais
le genou ; et croyant alors qu'en s'associant aux pensées des
philosophes de l'école de Condillac, c'était en relever la

gloire et en accroître le mérite , il arbora hautement le drapeau du matérialisme. Or, car il est bon de le répéter encore, selon cette philosophie sans cesse victorieusement combattue et renaissant sans cesse avec les mêmes erreurs, le cerveau n'est pas seulement l'organe et le milieu de l'intelligence, il en est aussi la cause : l'imagination, la mémoire , le dévouement , une sécrétion cérébrale ; l'amour, une attraction électrique entre des molécules d'oxygène, de carbone et d'azote ; le moi, une propriété générale de la matière vivante. Ainsi, un instrument matériel produit seul des effets qui ne le sont pas ; ainsi, la pensée qui ne se voit ni ne se touche, qui vole en un instant aux extrémités du monde, qui parcourt les mers et montre aux futurs navigateurs les écueils qu'ils doivent éviter , la pensée, dis-je, sera le résultat direct d'un organe qui se voit, qui se touche et se décompose ; et pourtant , ils s'étaient abusés ces savants physiologistes , ces illustres philosophes, jusqu'à croire que ces rêves de leurs pensées devaient être acceptés comme la loi des choses. Mais nous pouvons sans crainte vous en porter le défi à vous tous qui, par vos paradoxes, avez essayé en tous sens de saper les vérités de la religion et du christianisme : supposez tel arrangement que vous voudrez dans la matière, faites intervenir les courants électriques et tous les fluides pondérables et impondérables que vous pourrez découvrir, jamais vous n'en ferez sortir l'intelligence : jamais vous n'expliquerez cette Providence intérieure de l'organisme que Broussais reconnaissait lui-même. Et pourquoi donc, ô Broussais, conveniez-vous que dans le mécanisme de notre organisation tout respire l'intelligence la plus sublime et la plus admirable ; qu'au-delà de nos organes, il existe une

puissance merveilleuse qui les arrange et les coordonne ?
Pourquoi, enfin, en présence de ces combinaisons infinies de
mouvements circulatoires et oscillatoires qui s'exécutent
dans la profondeur de notre être, et qui le font vivre sans
qu'il en ait la conscience , reconnaissiez-vous un principe
distinct de la matière , sans vouloir reconnaître cette intelligence d'un créateur toujours et partout présente dans
l'Univers par les lois qu'elle lui a imposées, et par une
sorte d'harmonie préétablie , comme le disait Leibnitz ? Serait-ce qu'il y aurait en nous un instinct de spiritualisme
qui nous élève, et que nous ne pouvons réprimer ; ou ne
serait-ce pas aussi qu'hésitant sur nos devoirs en certaines
occasions, nous ne serions pas fâchés d'avoir le droit d'y
manquer quelquefois sans blâme et sans remord ?

C'était donc une œuvre juste et salutaire que de combattre hautement cette science sophistique comparée par
Bacon au travail de l'araignée qui tire d'elle-même, d'elle-
seule, la substance de son œuvre. Sans doute, cette polé-
mique n'a pas plus changé les hommes que les idées ;
mais du moins a-t-elle eu l'avantage de ramener chaque
homme à son drapeau , chaque idée à son principe, de
placer d'un côté l'erreur et de l'autre la vérité. Car alors,
c'est à nous de choisir, puisque c'est pour cela que Dieu
nous a donné le libre arbitre.

Dans sa préoccupation incessante des vérités morales,
Récamier cherchait donc à élever des digues et des bar-
rières contre l'invasion illimitée du scepticisme, soit dans
ces réunions charmantes où se trouvaient habituellement le
savant Ampère , le spirituel Ytard , Richeraud , Alibert,
Cayol, et tous ces hommes distingués au milieu desquels, j'en
appelle aux souvenirs de mon confrère, le docteur Leroux ,

on sentait de toutes parts cet ascendant de vertu, de grâce et de génie qui se rend toujours maître de l'oreille et du cœur des auditeurs; soit dans sa délicieuse retraite de Bièvre, où depuis quelques années il allait habituellement passer deux ou trois jours de la semaine. C'est de là, en effet, qu'il écrivit sa lettre à M. Vacherot, le directeur de l'Ecole normale, et une autre sur la phrénologie.

Dans cette dernière lettre, il combat de toutes ses forces cette prétendue science qui cherche à rattacher les facultés intellectuelles à des conditions cérébrales : il prouve que toutes ces divisions organiques, que cette distribution graphico-morale du crâne ne présente à l'analyse que de vaines utopies sans la moindre consistance. Et, pour cela, il distingue avec soin les faits physiques, physiologiques et psychologiques de l'homme que la phrénologie cherche en vain à confondre; puis, il prouve clairement que l'antagonisme entre les phénomènes psychologiques et les phénomènes physiologiques est tout aussi incontestable que l'antagonisme entre les faits physiques et les phénomènes physiologiques est flagrant. Tous ces phénomènes, en effet, sont coordonnés d'après des lois que l'homme n'a pas réglées, et ces lois sont tellement fixes qu'elles supposent une intelligence, une puissance et une sagesse étrangères à celles de l'homme, qui ne connaît pas même la nature des éléments qui le composent. D'après Récamier, l'homme physiologique est un animal humain associé à une puissance spirituelle qui s'en sert comme l'œil se sert d'une lunette et l'oreille d'un cornet acoustique. L'homme physiologique a tous les instincts de l'animalité, il voit malgré lui, il entend malgré lui, il a faim malgré lui;

mais il se trouve associé à une puissance psychologique qui l'élève au-dessus de l'animal, et qui commande à ses yeux de ne pas regarder l'objet qui lui déplaît, qui ordonne à ses oreilles de ne pas écouter les chants flatteurs d'une sirène, ni les utopies de nos modernes sophistes.

Voilà donc l'homme double de saint Paul : l'homme physiologique des sens, et l'homme spirituel qui a sans doute conscience des impressions de ses sens, de leurs réactions, de leurs instincts animaux et serviles; mais qui a en même temps la conscience de son intelligence, la conscience de sa liberté et de la puissance de sa volonté pour obéir ou commander librement à ses passions.

Mais en s'élevant ainsi contre ces physiologistes qui ont prétendu faire de la vie le résultat de l'organisation, et de la pensée une opération purement mécanique du cerveau, tandis qu'il est évident, d'après les simples lumières du bon sens, que l'une et l'autre ne peuvent avoir que l'âme pour principe et pour cause, il prouvait qu'il prenait au sérieux les devoirs du médecin. — Ces belles croyances, en effet, ces fortes convictions qui font l'honneur de l'intelligence humaine, il les avait jusqu'à l'enthousiasme, il les portait, si je puis dire, jusqu'à l'excès. Qui ne sait, par exemple, qu'en 1830, époque où il fut donné à chacun de prouver que l'homme, quand il est mû par un sentiment plus élevé que l'amour de soi-même, n'est pas toujours de l'avis de son intérêt; qui ne sait que Récamier préféra renoncer aux deux places qu'il occupait avec tant de distinction, l'une au Collége de France, l'autre à la Faculté de Médecine, plutôt que de transiger avec sa conscience ? Depuis, les vicissitudes du pouvoir ont mis les hommes bien souvent à même d'exercer avec éclat la vertu de fidélité, mais les exemples en ont-ils été aussi communs que les occasions! Pourquoi? C'est que l'homme cache souvent sous un semblant de patriotisme les bassesses d'un sordide intérêt.

Aussi Récamier a-t-il laissé une mémoire glorieuse, et qui sera toujours respectée, alors même que l'on n'aura plus le souvenir de l'impression extraordinaire que produisait sur ses malades, sur ses élèves et même dans la société, cet homme à la taille élevée, à la physionomie vive et spirituelle, au regard pénétrant, à l'esprit incisif et profond qui, sous des formes originales, et avec des apparences froides, avait cette rare bonté du cœur, cette grandeur d'âme, cette élévation de sentiments qui se montrent à la fois dans sa vie et dans ses écrits. Comme il y avait en lui un besoin réel d'être utile, qui le portait à rechercher les jeunes gens dont il était le conseil et l'appui, nous l'aimions comme un ami plein de candeur et de simplicité ; et nous eussions même été tentés de le croire notre égal, si la supériorité de sa raison et la vivacité de son esprit ne se fussent décelés à chaque instant par des traits ingénieux et soudains.

Dans sa conversation, en effet, ainsi que dans ses cours publics ou particuliers, chacune de ses paroles était comme un éclair de son génie créateur. On eût dit un artiste recevant son inspiration d'en haut, et la transmettant à ses auditeurs qui ont plus d'une fois profité des richesses qu'il étalait, en quelque sorte, devant eux. Telle est, en effet, l'influence d'un grand homme ; il anime le génie de ceux qu'il éclaire. Dans la plupart des cas obscurs et difficiles où la science et la sagacité du médecin se trouvent si souvent en défaut, on recourait à ses lumières, et presque toujours avec bonheur, car il était admirable de ressource et de génie.

On voyait, les jours de ses consultations, stationner une foule d'équipages dans la rue du Regard, à la porte de son hôtel; et, dans son cabinet, on trouvait réuni l'élite de la haute société. Mais là, il ne faisait acception de personne : le pauvre passait à son tour comme le riche, tant les qualités du cœur s'harmonisaient chez lui avec celles de l'esprit !

Après cela, s'étonnera-t-on qu'avec son immense réputation, qu'avec sa nombreuse et riche clientelle, Récamier, mourant à 78 ans, n'ait pas laissé des millions comme Dupuytren et Astley Cooper. C'est que la religion lui avait appris à juger les choses de la terre avec un désintéressement peu commun, et qu'il était persuadé que rien n'est digne d'être convoité ici-bas, si ce n'est les éminentes vertus dont l'homme social se décore. Bon et serviable envers tout le monde, jamais il ne visitait un pauvre sans l'aider de sa bourse, à l'exemple du célèbre Hecquet. Souvent il avait à la bouche ces belles paroles de Boërhaave : « Mes meilleurs amis sont les pauvres, parce que Dieu est chargé de me payer pour eux. »

Puis, durant près de soixante ans que le ciel lui refusa des enfants, quoiqu'il se fût marié deux fois, il s'était habitué à dépenser ses revenus et son patrimoine au milieu des pauvres dont il s'était fait la Providence et le père. Et quand, dans un troisième mariage, ses vœux furent enfin exaucés, et que le ciel lui eut accordé deux garçons, il ne sut jamais faire de grandes économies, le désintéressement lui étant devenu aussi naturel que la bienfaisance.

D'ailleurs, élevé à l'école du malheur, comme la plupart des grands hommes de son époque, il avait été soumis à de rudes épreuves, et son âme, noble et généreuse, était digne de consacrer cette belle maxime que le ciel a mise dans le cœur de l'homme :

Haud ignara mali, miseris succurrere disco.

Mais ce qui le soutint toujours au milieu des travers et des dangers de la vie, ce fut sa grande confiance dans la Providence ; car, si son activité ne s'est reposée en aucun temps, sa piété ne se démentit en aucune occasion. Peut-être aussi pensait-il quelquefois aux honneurs qui l'attendaient sur un autre théâtre ; car, pourquoi le génie n'aurait-il pas parfois le pressentiment de sa gloire ? Ainsi, l'on rapporte que le célèbre Portal, en partant pour Paris, et n'emportant avec lui pour toute richesse que la jeunesse et l'espérance, rencontra deux autres voyageurs auxquels il s'associa promptement, se trouvant avec eux en conformité d'esprit, de goût et d'humeur — c'était Treilhard, puis l'abbé Maury. — Ces trois compagnons improvisés cheminaient gaiement, s'entretenant, avec l'insouciance du jeune âge, de leurs projets et de leur avenir. Moi, disait Treilhard, je veux être avocat-général ; moi, répondait Maury, je serai de l'Académie Française ; et moi, continuait Portal, de l'Académie des Sciences. Ils s'échauffaient ainsi dans les rêves de leur ambition, lorsqu'arrivés sur les hauteurs de Paris, ils entendirent résonner le bourdon de la cathédrale. — Entendez-vous cette cloche, dit Treilhard à Maury, elle dit que vous serez archevêque de Paris.—Probablement lorsque vous serez ministre, répliqua gaiement Maury. — Et que serai-je moi, s'écria Portal ? — Ce que vous serez, répliquèrent sur le champ les deux autres, vous serez le premier médecin du roi. — La for-

tune les entendit, ajoute Pariset, et se ressouvint de leurs
paroles, pour les accomplir et au-delà.

Et toi, Récamier, quand, après cette époque de funeste
mémoire où une révolution terrible avait troublé et effrayé
le genre humain, où la France et l'Europe se précipitaient
tout en armes sur les champs de bataille ; quand, après
avoir éprouvé sur le vaisseau le *Ça-Ira* cette vie de fati-
gues, de privations et de périls que connurent également
Larrey et Percy, l'honneur et la gloire de la chirurgie
française ; quand, après tant de dangers et de souffrances,
tu regagnais enfin les murs de la capitale, te croyais-tu
destiné à tant de gloire ? Pensais-tu que l'impression pro-
duite par les vues transcendantes, par la marche originale
et la parole éloquente de ton beau génie, t'aurait ouvert
un jour les portes du Collége de France, de la Faculté et
de l'Académie de Médecine, et que c'eût été pour toi la
source de tant de distinctions et de tant d'honneurs ?

Homme excellent et rare ! la mort, quoique venant subi-
tement, ne t'a point surpris, puisque, à l'exemple de Fréd.
Hoffmann, tu étais toujours en la présence de Dieu ; mais le
jour où tu es entré dans l'éternité a été un jour de deuil
pour la médecine, pour les pauvres et pour tes amis !
Peut-être n'aurais-je pas dû essayer l'analyse de tes vertus
et de ton génie, car ma faible voix n'ajoutera rien à l'au-
réole de gloire qui couronne une existence pleine de bien-
faits et de bonnes œuvres ; mais permets à l'un de ces
élèves qui reçurent de toi de nombreux témoignages
d'estime et d'amitié, de venir payer un dernier tribut
d'hommage et de reconnaissance, à celui qui a passé sur
la terre en faisant le bien et en servant les hommes !

Nantes, Imprimerie de Mme veuve C. Mellinet. — 248.

9 782014 045819